AF400027

solstices

Julien Rousset

Édition : BoD · Books on Demand, 31 avenue Saint-Rémy, 57600 Forbach, bod@bod.fr

Impression : Libri Plureos GmbH, Friedensallee 273, 22763 Hamburg (Allemagne)

ISBN : 978-2-3226-5327-0
Dépôt légal : Juin 2025

La mort des masques

Le cœur hanté par un fantôme invisible
Un bien beau matin comme on en faisait par milliers
J'ai arraché à mon visage ce masque risible
Un matin comme avant, quand le ciel bleu brillait

Ce jour-là la chaleur s'est éclipsée
Seul j'ai couru vers le désert
Sans nul autre choix que de nous abandonner
Si je voulais demain fouler la Terre

Irruption volcanique

Il aura fallu une saison et quelques mois
Pour que le destin me ramène vers tes courants
Après avoir guéri de mon désarroi
Quand ton influence est revenue comme le printemps
Seulement toi, tu n'étais plus là
Que je maudis l'éternel et ses instruments
D'avoir brisé la clepsydre et freiné le fracas
D'avoir soustrait au sable ces souvenirs sanguinolents

Temps de peine

A mon angoisse s'adonnent les éléments
Tantôt perdu dans le brouillard
Ou bien balayé par le vent
Le monde n'est plus qu'un trou noir
Et l'espace que tu laisses est asphyxiant
Ô grands dieux ai-je mérité
De parcourir abîmes et enfers
Pour avoir seulement voulu aimer
Des yeux que désormais j'indiffère

Souffrance

La violence n'a d'égal que le poids de tes derniers mots
Pas les meilleurs, ceux qui m'éclatent en morceaux
Ce n'est pas la première fois que je connais la tristesse
Mais en ce jour mon âme est morte, dans l'indifférence de
sa maîtresse

Barbara

Voilà combien de jours
Voilà combien de nuits
Que tu m'as pris de court
Que ta vie a repris

Je suis à la dérive
Et tu n'en as que faire
Je t'ai connue craintive
Je t'ai aimée sincère

Es-tu vraiment nouvelle
Ou souffres-tu autant
Mon amour, ne sois pas de celles
Dont le cœur est fuyant

Barbara, encore

Je n'existe plus
Mais penses-tu à moi ?
Lorsque je parcours les rues
Toi tu foules chaque pas

Le temps passe et me fait revoir
Les monts, les lacs et les merveilles
Mais aussi dans ses tiroirs
Quelques ombres à notre soleil

Les chasseras-tu un jour ?
Pour nous donner une chance
De bâtir mieux l'amour
De pardonner nos errances

Je les éloigne volontiers
Car seul nos cœurs m'importent
Mais je sais de mon passé
Que le temps les gens emporte

Bleu et volatile

Lorsque je t'ai dit que je voulais partir
Après des mois à penser mes plaies et nos souvenirs
Nous avons pleuré ensemble pour la première fois
Comme si pour être à deux il fallait en arriver là

Nous avons tous deux commis des erreurs
Aussi involontaires que les rancœurs
Mais elles ont si peu de poids face à la beauté
La beauté oui, de tout ce que nous avons créé
Je parle de mots, de rires, d'intimité
Je parle de corps et d'âmes qui savaient s'écouter

Mais si tout cela est bel et bien fini
Et que de nous deux je ne suis plus qu'un pauvre Milord
Essayant de retrouver l'étincelle qui nous a ébloui
Souvent me revient cette question : à quoi bon chercher
alors ?

Ephémères

La tendresse est partie
Au fil des mois où tu dis avoir guéri
De ma personne tu n'es plus éprise
Je ne sais si toi-même tu crois à ces sottises

Nous étions si différents
Quand tu étais prête, j'étais à la traine
Nous étions fous et impatients
Et quand j'ai été prêt, nous avions déjà tant de peine

Nous étions nous, des incohérents
Mais lorsque nos étoiles filaient ensemble
Ô Dieu, lorsque je me rappelle j'en tremble
Quand l'été, l'automne et l'hiver sonnaient comme un doux
printemps

Tout, tout le temps

J'ai tout aimé de toi
Jusqu'au jour où ça n'a plus suffit
Ce jour où les fantômes ont rétabli leur loi
Qu'ils m'ont fait sombrer dans la folie

J'ai tant aimé de toi
Que je ne dissociais ni qualités ni défauts
Ne me demandant jamais pourquoi
Prisonnier de mes maîtres maux

Je t'ai aimée sans pouvoir te le dire
Cela jamais ne m'a contenté
Et quand mes songes se sont changés en soupirs
La lente agonie a commencé

Je t'ai aimée de mal en pire
Je ne voulais pas nous abandonner
M'accrochant à la bouée de ton sourire
Et un beau jour, lui aussi s'en est allé

Je t'ai aimée à en mourir
Une fois que l'étau s'est desserré
Mais quand j'ai recommencé à rire
La dune de notre amour, elle, était désertée

Vœux filants

Promets-moi
Ceci
Cela
Dis-le-moi
Une
Deux fois
Rassure-moi
Réponds-moi
Donne-moi
Moi
Moi
Moi
Non
Je t'en prie
Ne pars pas

L'histoire est belle

Il était une fois
Une jeune fille en mal d'amour
Et un jeune garçon perdu
Réunis par le destin dans une ville inconnue

Ces deux-là s'entendirent à merveille
Et sans attendre
Commencèrent à se fréquenter
Cachés du monde et de ce qui les entouraient

Ils passaient la journée l'un avec l'autre
Et ce, même quand ils étaient séparés
Ils parlaient, parlaient et parlaient
Ne pouvant et ne cherchant pas à s'arrêter

La jeune fille tombait amoureuse chaque jour
Le jeune garçon, perdu, sombrait dès qu'il ne la voyait plus
Ils s'aimaient, ne pouvant se le dire, juste se le montrer
Mais de ce curieux mélange sont nés les ressentiments

Piégé par ses souvenirs
Il se rendit compte que son cœur était brisé
Le rendant impossible d'être lui-même
Ni même d'aimer comme il le voulait

Pris dans une incessante tourmente
Dans l'impuissance de la jeune fille
Il s'enfonça de plus en plus profond dans ses pensées
Jusqu'à ne plus profiter des instants de répit
Ceux qu'elle symbolisait

Il finit par lui implorer de le laisser
Sans quoi il ne pourrait jamais se retrouver
Et d'ô combien il avait déjà essayé
Ils convinrent de la décision, souffrant de leur côté

Des mois plus tard
Le garçon eut une révélation, après un travail acharné
Il sortit du brouillard, tournant les pages de son passé
Il en était sûr, cette fille était celle qu'il désirait
Maintenant que le cauchemar était terminé

Quelle ne fut pas sa désillusion
Quand celle qu'il aimait tant
Répondit à son retour aussi froidement
Comme s'il était un inconnu ou un brigand

Le jeune garçon éprouva tant de peine
Qu'elle ne put se manifester d'une traite
Mais diluée sur des mois, peut-être des années
Cette jeune fille lui était liée jusque dans son âme
Et s'en séparer revenait à arracher des parts de lui-même
Voire à la laisser, sur le fil du temps qui passe
S'en aller

[…]

Il était une fois
Une jeune fille et un jeune garçon
Si beaux quand ils s'agissaient de s'aimer
Il était une fois, oui
Deux enfants qui s'étaient promis
Qu'à travers le chaos du monde qui les entourait
Eux seraient différents, eux y arriveraient

Qui ne dit mot se consume

Je refuse de les laisser s'envoler
Même si je ne suis plus dans ton cœur
Ces instants sur les plages sablées
D'un temps où nous ne connaissions pas la peur

Je continuerai de croire
Que dans une autre vie ou un autre monde
Nous nous serions tout donnés pour revivre ce soir
A découvrir et mêler nos idées vagabondes

Et si je dois masquer à mes yeux cette page
Je n'utiliserai ni nos fautes ni nos mal-êtres
Pour toi n'aurai de blâme ou de rage
Car le monde est tel qu'il devrait être

Impitoyable pour ceux qui de l'affronter ont le courage
Tournoyant dans un chaos sans prison ni maître
Mon amour, pardon, car je n'ai pu dompter l'orage
Et je suis terrifié à l'idée de, demain, ne plus te connaître

Riddles

Did I want something from you?
Was I able to imagine you going away?

What did I want from us?
Was I able to think about it?

But did I want more from me?
Did I want more for you?

My little bee under the sun
There were no flowers in this garden
None that didn't belong to you

Goodbye my everything
I see all those petals on the floor
And I can't contain the wreckage anymore

Ténèbres

Des pérégrinations solitaires d'un enfant réservé
Sont nées peurs et asphyxies de formes variées
Un bestiaire intérieur d'où les cauchemars prennent vie
Les monstres sont partout, derrière chaque peluche du lit

Mais cette noire nuit qu'il a toujours fui
Une fois adulte l'a subrepticement rattrapé
Ainsi les ombres des créatures autrefois refroidies
Ont percé les murailles brûlantes du passé

Possession

Les démons frénétiques sont là
Ils détruisent tout ce que je touche
Je les décèle dans ma voix
Sécrétant le venin dans ma bouche
Faisant voler mes romances en éclats

Ils emboîtent chacun de mes pas hésitants
M'entraînent irrémédiablement vers le bas
Invisibles aux yeux inquiets des passants
Et lorsque l'un d'eux s'acharne sur moi
Mon corps entier finit en sang

(S)entier(s)

Dieu qu'il est simple de voir les défauts du monde
Lorsque les sentiments sont traînés dans la boue
Par ceux-là même à qui je dédierais chaque seconde
Oui qu'il est simple de ne plus vouloir du tout
Quand perdre ce que l'on aime fait l'effet d'une bombe

Dieu que personne ne fait attention à l'autre
Que le moindre écart fait naître le dédain
Qu'en croyant même être sur le bon chemin
Nous ne sommes parfois que sur le nôtre

Mais il n'y a ni dorures ni pavés sur cette voie
Qui sait d'ailleurs si elle fut déjà empruntée
Et quand bien même existerait-elle, pourquoi serait-ce moi
Qui à travers la douleur serait digne de la trouver

Faut-il souffrir pour connaître l'absolution
J'en viens parfois à me poser la question
La conscience est un mal bien malin
Que l'on suit sans même en comprendre le refrain

Bouquets d'ampleur

Pour toi que j'aimais jamais n'ai-je su faire de cadeau
Aussi engageant que beau car je savais lire tes yeux
Donc je me suis contenté de ces quelques fleurs en LEGO
Car ce n'était pas vrai tant que ce n'était pas mieux

A tes côtés j'ai compris combien la vérité comptait pour moi
Tant je me contorsionnais pour la faire tenir dans nos bras
Elle qui a tant rongé, jusqu'à l'os de chacun de mes doigts
Que je déambule désormais dans ses ruines dénuées d'éclat

(W)hol(l)y falling

Why bother?
Why should I get up each day trying to be a better man
When I always end up losing what I am trying to preserve?
Why should I keep trying?
Why shouldn't I give up?
Who will stop me if I decide to do so?
Nobody
Why would the perspective of the future be enough
When I observe where the past guided me to?
Would it be that pessimistic
Or just realistic
To admit that ups and downs are not made for everyone?
I aspired for more
But I lost too much
Even the force to keep up
My mind broke
My body will follow
Why should I wait
And hope it gets better?
Even if it were to get better
I would only think of the following fall
Just one fricking day, between all the others
The world would break apart, again
And medication won't change anything
Now I know, forevers can stop on a Monday
I can't see myself getting back up
I can't see myself getting back to who I was before
I have trouble seeing joy
I can't perceive love anymore
Darkness is everywhere
Around and inside me

This world is depressing
And death is attractive, always has been
Sacrifice has always been in my mind
Since I was a child even
Always had this idea of giving away my existence
For something better, someone better
Sacrifice, maybe I'll find meaning in that
Before the end of it all

Divine torment

You aren't here, are you?
Are you even real, are you an idea?
Or a concept some people rely on?
Are they broken or lost?
I don't know, I see you as an escape
You are an escape from responsibility
People choose you, thus you get to make the choices
And they don't, they seemingly have less control over it
In their mind only, evidently
Still, their existence gets lighter
They are part of a bigger plan
One unit among millions
How relaxing it is really
And so drastically different from reality
Which is that we are all by ourselves
Guided by nothing more than ourselves
And for that we are doomed
Doomed to take accountability for our actions
The ones we decide, the ones we don't
Actions that are in our control, actions that aren't
Relying on our own internal chemistry
Then God is the atom, unit of life
It governs us without us even realizing it
Making us think we think
But this is just not true either, just a prism of reality
Although, you, my friend, are cheating
We are God, you aren't
We are here, we are real
Whether we want it or not
And thus
We are doomed

Persecution of the mind

I suffered and cried so much
For ideals built on vain lies
Those will merely be as many obstacles
That I will have to overcome my whole life

Forcing me into pathways I can't help but choose
Because of how my circuits were built
Making me find comfort in melancholy
Profound sadness over times I was already miserable living

How vicious, how pernicious
Trying to change it is like hitting your head against a wall
Repeatedly, over and over with less and less vigor
You may break through, but you, my dear, will break first

Mirages

Sometimes I feel it
This precious wind sizzle
Passing through an invisible window
One where I can't quite fit yet
I feel the air behind my ears
It lightens my problems
Shuts down the voices in my head
Lets me catch a glimpse
A droplet of what I can barely remember
As pure joy in a bottle

Can you feel it?
The softy transcendence
The meaninglessness of it all
Wandering along your nerves
Then, suddenly, a whistle
Gone it is, like a lightning strike
And you shall live again among all of us
Below this grace you can already barely remember
Was it even an emotion, or a bug in your system
But if only we knew, would we all be here with you?

Takes and all

I can't quite figure out when life takes turns
Only having myself to experiment and observe
But I know for sure that your past self slowly burns
The day you're trying to soothe all your nerves

Should it come from you
Or might it be another person
Will you keep the peace and renew
Again and again, or die trying to get home

For all the answers I don't possess
I dedicate my life to the quest of finding them
One day, once and for all, God bless
My vision shall be clear, and so will this poem

Likings

I find myself quite fond of finding things that I like
It may seem idiotic, foolish or silly to say so
Maybe we are made to find those things without realizing it
Just reinforcing the neuronal connections in our brains
But I am not, or at least the person I became isn't
So, I have been trying slowly
Little steps there and there
I can now feel when I'm getting to something
When I do feel this floating sensation
I embark on a journey
I want to boost it, increase it, understand it
Life's like this now, and findings after findings
I'm getting there, I'm crossing the barrier of feelings
Let's then say I found myself, in a way
Is this what they say it is?

Courants

Je vois la vie comme ma propre rivière de sens
Une que j'ai longtemps arpenté à contre-courant
Comme si j'appréciais plus le combat que l'apaisement
Ou que je ne sentais pas même la résistance
D'une réalité fantasmée au fil des ans

Comme si l'on nous poussait tellement à devenir autre
Qu'un beau jour, l'eau balaye tout sur son passage
Âme et alentours se retrouvent piégés dans ce naufrage
Et ce terrible torrent se proclame l'apôtre
Des établis renversés et d'un fragile nouvel âge

Soudain il n'y a ni le temps ni la force de comprendre
Les tréfonds emportent repères et certitudes
Dans le désastre subsiste un espoir de plénitude
Une lueur que je poursuivrai par-delà les cendres
Après une éternité de solitude

Etendues

Où es-tu, silhouette que je ne saurais voir
Chaque matin les rideaux déchirés m'éveillent
Et la brume efface un peu plus tes contours de ma mémoire

Te retrouverai-je au détour d'un quartier le soir
En sortie d'un métro, de ceux qui faisaient vibrer tes oreilles
Sourirons-nous, blessés mais emplis d'espoir

Sun's revolution

Hey little bee
It's your birthday today
20th of May
Sun shines, how couldn't he?
On world bees' day
20th of May